L'ESPRIT DE FAMILLE

Rédacteur : Hanne Blaaberg
Illustrations : Mette Brahm Lauritsen

Les structures et le vocabulaire,de ce livre sont fondés sur
une comparaison des ouvrages suivants :
Börje Schlyter : Centrala Ordförrådet i Franskan
Albert Raasch : Das VHS-Zertifikat für Französisch
Etudes Françaises – Echanges
Sten-Gunnar Hellström, Sven G. Johansson : On parle français
Ulla Brodow, Thérèse Durand: On y va

Dessin de la couverture:
Mette Plesner
Illustration de la couverture:
Mette Brahm Lauritsen

© Librairie Arthème Fayard, 1982 pour l'édition intégrale,
© Librairie Arthème Fayard, 1977

© 1992 ASCHEHOUG A/S
ISBN Danemark 87-11-08813-3

Imprimé au Danemark par
Sangill Bogtryk & offset, Holme Olstrup

JANINE BOISSARD (1932–)

Janine Boissard est journaliste, écrivain et scénariste.

Elle a publié un grand nombre de romans : « Une femme neuve », « Rendez-vous avec mon fils », « Une femme reconciliée », « Croisière 1 », « Les pommes d'or », « Croisière 2 », « La reconquête », « Vous verres, vous m'aimerez », « Trois femmes et un empereur », « Cris du cœur », « L'amour, Béatrice », « Une grande petite fille ».

« L'Esprit de famille » est le premier tome d'une saga en 6 volumes, « L'esprit de famille », où tous les problèmes d'aujourd'hui sont évoqués et qui a été adaptée à la télévision :

*Tome 1 L'esprit de famille

*Tome 2 L'Avenir de Bernadette

*Tome 3 Claire et le bonheur

* Tome 4 Moi, Pauline !

*Tome 5 Cécile, la poison

*Tome 6 Cécile et son amour

I

Je n'ai jamais aimé mon nom. C'est un nom de *poupée* avec des *ongles* peints et un disque dans le *ventre* pour pleurer quand on la couche.

Mes parents espéraient un garçon ; il s'appellerait Paul comme grand-père ; ils ont manqué d'*imagination* ou de courage pour changer. Je m'appelle Pauline.

Ma petite sœur a *bénéficié de* Cécile, un nom qui est comme un tricot angora. Quant à Claire et Bernadette, mes *aînées*, leur nom n'a rien d'extraordinaire.

Dans un monde qui m'apparaît comme la mer *bouleversée*, la famille est pour moi la maison tranquille, solidement *close* qui attend sur la *butte*. Aussitôt dans le *vestibule*, on sent la *cire* et les pommes chaudes. Et il y a aussi les bruits d'une maison heureuse.

un ventre

une poupée   un ongle

---

l'imagination f, les idées ; la fantaisie
bénéficier de, obtenir ; profiter de
une aînée, une sœur plus âgée
bouleversé, plein de mouvements ; agité
clos, fermé
une butte, un terrain élevé ; une petite colline
un vestibule, une entrée
la cire, un produit qu'on met sur les meubles et les parquets

Mon père, Charles, est médecin, ce qui veut dire qu'on n'est jamais certain qu'il pourra aller jusqu'au dessert. Nous n'avons pas de «vrai» souci d'argent comme dit maman, mais nous devons *être prudents*. Si
5 Bernadette a pu prendre ses leçons d'*équitation* c'est grâce aux *milliers* de pains qu'elle a vendus au super-marché durant ses *jours de congé*. Claire peut mettre de longues jupes à condition de les coudre elle-même. Je cherche – sans trouver – à garder des enfants le soir
10 chez des gens qui acceptent de me raccompagner chez moi après. Quant aux sports d'hiver, depuis deux ans, plus question !

Sur les papiers officiels, maman indique : « femme à la maison ». En plus d'être mère de famille, *éducatrice*,
15 *ravaudeuse*, je la considère volontiers comme «écou-teuse». Si ce métier existait, elle pourrait faire écrire sur sa porte : « Mme Moreau écoute de quatre à sept » et gagner des tas d'argent. Outre son mari et ses filles, les amis, les voisins et le facteur viennent lui ouvrir
20 leur cœur. Pour eux aussi, la maison doit être cette lumière qui ne s'éteint jamais.

De nous quatre, Claire, vingt et un ans, est l'aînée et la plus belle. Longue et blonde, des yeux bleus, des pieds fins. On lui reproche de ne pas les avoir sur terre.
25 Elle répond qu'elle se sent bien là où elle est. On l'a

être prudent, faire attention
l'équitation f, le fait de monter à cheval
un millier, environ mille
un jour de congé, un jour libre
un éducateur, une éducatrice, une personne qui s'occupe du dévelop-pement d'un enfant
un ravaudeur, une ravaudeuse, une personne qui répare les vieux vêtements

6

surnommée «la princesse« ; quand on s'est aperçu que ça lui plaisait énormément, c'était trop tard : *le pli était pris.*

Bernadette, la seconde, voulait être un garçon, mais elle a accepté son état à condition de ne pas porter de jupe et d'emprunter les pipes de papa. Le cheval est sa passion. Une semaine après avoir eu son *bachot*, elle a vendu ses livres pour s'acheter des *bottes* et s'est *engagée*

un manège

une botte

surnommer quelqu'un, donner un nom à quelqu'un pour le caractériser
le pli était pris, c'était devenu une habitude
le bachot, le baccalauréat, un examen qui termine le lycée
s'engager, prendre un travail

au *manège* de Heurte-Bise comme premier *palefrenier*. Elle est à peine payée, mais peut monter Germain, son cheval *favori*, quand ça lui plaît. Plus tard, elle aura son manège à elle. Bernadette a dix-neuf ans, deux kilos de
5 plus que Claire, mais ça ne se voit pas, c'est dans les *muscles* ; des *cheveux bouclés châtains*, les yeux noirs de papa. J'aime l'appeler Bernard.

Cécile, douze ans, est la dernière, la *poison*, les sept *plaies* d'Egypte. Elle a décidé que la vie était faite pour
10 *se la couler douce* et, en conséquence, elle la coule dure aux autres. Comme cette petite ne faisait rien au lycée, on l'a mise dans une école *privée* qui nous coûte très cher. C'est notre seul luxe. Elle a des cheveux très épais et longs, mais elle les peigne seulement une fois par
15 semaine. Elle mange tous ses ongles, c'est-à-dire aussi ceux des pieds. Comme elle est *boulotte*, elle dit que c'est une façon agréable de faire sa gymnastique.

un muscle

des cheveux bouclés

---

un manège, voir illustration page 7
un palefrenier, un ouvrier chargé de soigner les chevaux
favori, préféré
châtain, de couleur brun clair
un poison, un produit qui peut causer la mort, par exemple l'arsenic ; ici : une personne très désagréable
une plaie, ici : un fléau ; un catastrophe
se la couler douce, mener une vie heureuse, sans complications
privé, le contraire de public
boulotte, grosse et courte

J'ai eu dix-sept ans hier. Dans sept mois je passerai mon bachot de français. Je le vois pour l'instant comme une porte fermée. Les yeux *pers*, paraît-il, les cheveux moyens, ni grasse ni maigre, il me semble que sur tous les plans j'ai un peu de chacune. 5

Qui suis-je ?

C'est il y a cinq ans, après beaucoup de discussions, que nous avons décidé de quitter Paris. Mon père rêvait de dormir fenêtre ouverte sur ses *plantations*. Maman n'était pas contre à condition d'avoir une voiture pour 10 garder sa liberté. Bernadette, n'en parlons pas : il y avait un manège tout près. Quant à Cécile et moi, nous étions heureuses à l'idée d'avoir chacune notre chambre. Inutile de dire que Claire était contre ; elle ne *supporte* pas le changement. 15

La maison est située dans un petit village à vingt-cinq kilomètres de Paris sur un demi-hectare de terrain, ce qui est suffisant pour celle qui doit *ramasser* les feuilles mortes à l'automne. Nous lui avons gardé son nom : La Marette. « Petite *mare* », dit maman. « Petite 20 *marée* », me dis-je, car alors je sens toute la mer derrière.

Nous avons six jeunes *pommiers*, un *saule*, deux *noyers*, une sorte de *sapin* et quelques autres arbres et *arbrisseaux*. Au centre du jardin, un *bassin* en forme d'œil, avec de l'eau très froide. 25

---

pers, de diverses couleurs où le bleu domine
des plantations (f), plantes, arbres, arbrisseaux, etc.
supporter, tolérer ; résister à
ramasser quelque chose, prendre quelque chose qui est par terre
une mare, un petit trou peu profond et rempli d'eau
la marée, le mouvement de la mer : marée haute, marée basse
un pommier, un saule, un noyer, un sapin, un arbrisseau, un bassin, voir illustration pages 10/11

9

On n'entend pas passer les voitures, seulement le samedi quand il y a des mariages. Par contre, le bruit des *péniches* sur l'Oise au fond du jardin nous est devenu *familier*.

---

une péniche, voir illustration page 12
familier, bien connu ; habituel

10

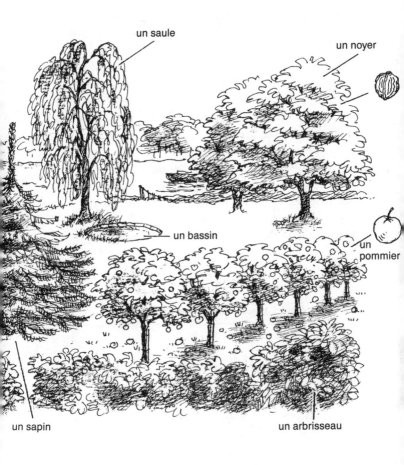

un saule

un noyer

un bassin

un pommier

un sapin

un arbrisseau

Quand chacun a choisi sa chambre, j'ai préféré le *grenier*. Après avoir essayé une nuit, Cécile a déclaré que des *rats* galopaient au-dessus de sa tête. A mon avis, il

---

un grenier, un étage au-dessous du toit
un rat, voir illustration page 12

s'agit d'oiseaux. A moi donc, tout en haut, le long grenier. Une fenêtre ouvre sur le jardin et l'autre sur la rue, ou plutôt le chemin.

5 Cécile a pris une toute petite chambre au même étage que moi ; elle s'est dit qu'elle serait plus facile à ranger et que maman y mettrait moins souvent le nez.

Claire s'est installée au premier à côté des parents et de la salle de bain, où elle se lave chaque matin à onze heures.

10 Bernadette n'a pas hésité : le *sous-sol* ! Là, elle a une grande *pièce* presque vide, qui a servi de *menuiserie*. Elle a gardé les *clous* aux murs pour ses vêtements et ses photos de chevaux. Le sol est très froid aux pieds l'hiver, mais elle refuse toute *amélioration*.

une péniche

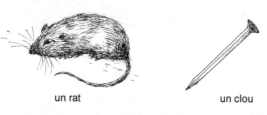

un rat   un clou

---

un sous-sol, un étage au-dessous du rez-de-chaussée
une pièce, ici : une chambre
une menuiserie, un endroit où on fait des choses en bois, par exemples des meubles
une amélioration, un changement pour quelque chose de meilleur

II

Ce matin, l'hiver est tombé. J'aime l'hiver, la saison de la maison, où chaque soir, revenant du lycée, je trouve maman près de la cheminée en train de faire du feu.

C'est dimanche ! Quelle heure ? D'après le ciel, tôt. Trop tôt pour se lever. Et pourtant, voici que j'entends 5 sur le *gravier* le pas de Cécile qui revient avec des croissants. Le petit déjeuner est servi !

Sauf quand il y a des invités, on prend les repas à la cuisine. Elle est très grande.

Quand j'entre, tout le monde est déjà à table. Papa 10 en face de son café noir, maman de son café au lait, Claire de son thé, Bernadette de son lait, Cécile de son chocolat froid. J'embrasse tout le monde et prends place entre Bernadette et maman. Ça sent l'orage.

Papa retire ses lunettes : mauvais signe. Il les essuie 15 longuement et se tourne vers Cécile.

– Qu'as-tu fait de Mozart ?

La semaine dernière, pour ses douze ans, papa a offert « la Messe du *couronnement* » à la poison.

– Je l'ai échangé contre Laforêt !   20

– C'est ce qu'il m'avait semblé entendre, dit Charles. Peux-tu me rappeler le *titre* ?

– « Fais-moi l'amour comme à seize ans ! »

Bernadette se met à rire. Claire fait semblant de se concentrer sur son croissant, mais son œil ne quitte pas 25 maman. Elle attend sa réaction pour se prononcer.

---

le gravier, les petites pierres
un couronnement, voir illustration page 14
un titre, le « nom » d'un livre

13

– Je *me réjouissais* d'entendre cette « Messe » avec toi, continue papa.

– On pourra écouter ensemble mon Laforêt, propose Cécile.

5 Une *lueur* d'amusement a dansé dans les yeux de maman. Claire sourit. Charles se penche au-dessus de la table.

– Je vais te dire une chose, ma petite fille ! Ta Laforêt ne m'intéresse pas. Pas plus que tes Claude
10 François, tes Adamo ou tes Vartan. Il n'y a là-dedans ni musique ni paroles. C'est tout simplement... rien !

– Ben moi, c'est Mozart que je trouve *débile* et *con*, lâche Cécile.

On devine quelle *lutte* il mène contre lui-même pour
15 ne pas chasser Cécile à coups de pied ; mais il se dit qu'il faut être un père moderne et discuter.

– Explique-toi, dit-il.

un couronnement

---

se réjouir, être heureux
une lueur, une lumière ; un éclair
débile, *con*, idiot
une lutte, un conflit ; une bataille ; une guerre

– Ou il n'y a pas de paroles, ou on ne les comprend pas, dit Cécile ; ils chantent tous en langue morte.

Bernadette *éclate de rire* et dit :

– Parce que mademoiselle comprend peut-être les paroles de Laforêt ! Je suis d'accord avec papa ! C'est ton disque qui est con. « Fais-moi l'amour comme à seize ans »... qu'est-ce que ça veut dire ?

Heureusement pour l'atmosphère, le téléphone sonne et on entend bientôt le docteur Moreau parler d'*hépatite* et de *foie de morue*.

Cécile se jette sur un croissant.

– J'ai cru, dit-elle, que seize ans, c'était le plus bel âge de la vie.

– Ça dépend pour quoi faire, explique Bernadette.

– Mais pourquoi pas *me consulter* avant de changer ton disque ? reproche maman de sa voix douce.

– Ou tu disais « non » et j'étais obligée de *te désobéir*, répond la petite ; ou c'était « oui » et je te mettais dans une situation difficile vis-à-vis de papa.

Papa revient et reprend place en silence à la table.

– C'était Mme Lelièvre ? demande maman.

Il fait signe que oui. Encore un cas d'hépatite.

C'est Bernadette qui *rompt* le silence :

– Vous avez vu qu'on donne trois pornos rien que dans l'avenue du Maréchal-Leclerc ?

– Pornos ou érotiques ? demande Cécile.

éclater de rire, faire entendre un rire brusque
une hépatite, une maladie où le malade devient jaune
le foie de morue, un médicament
consulter quelqu'un, demande conseil à quelqu'un
désobéir à quelqu'un, refuser de faire ce que quelqu'un dit
rompre, ici : mettre fin à

Papa retire à nouveau ses lunettes.

– Ne peut-on pas parler d'autre chose ? propose Claire.

Cécile lui lance un regard *compatissant*.

5 – De toute façon, tu ne peux pas comprendre !

– Et pourquoi, mademoiselle ?

– Tu n'as pas de poitrine, lâche la poison, même Nicolas l'a remarqué.

Le visage de Claire *s'empourpre*. Je la trouve très belle
10 quand elle *s'indigne*. Elle repousse son thé et se lève. Le coup est méchant parce que vrai. Claire *est plate* comme la main et *s'en désespère*.

Elle quitte la pièce. Je peux voir que Cécile regrette. Elle regrette toujours après. Maman et Bernadette la
15 regardent d'un air *sévère*.

– Qui est ce Nicolas ? demande papa sévèrement.

– Mon *cop'* ! répond la petite.

– Il faut nous l'amener, *intervient* maman ; on serait tous *ravis* de le connaître.

20 – Pour Claire, dit Bernadette, tu n'es qu'*une peste*. Je t'apprendrai que les filles sans poitrine ont un succès fou dans certaines *boîtes* ; on trouve ça très érotique, et

---

compatissant, qui prend part aux problèmes des autres
s'empourprer, devenir rouge
s'indigner, se fâcher ; s'irriter
être platte, ici : ne pas avoir de poitrine
se désespérer de quelque chose, être triste à cause de quelque chose
sévère, dur
un cop', un copain ; un ami
intervenir, dire
ravi, très content
une peste, une femme ou une fille méchante
une boîte, ici : une boîte de nuit ; un night-club

puisque tu t'y intéresses, les spectacles érotiques c'est *ennuyeux* comme la mort.

– Parce que tu es une habituée, intervient papa. Ses yeux recommencent à sortir de la tête.

– Il faut bien y aller une fois pour se rendre compte. 5

– Je ne te demanderai pas le titre du film que tu as vu.

En conséquence, Bernadette ne répond pas. Charles se tourne vers maman.

– Il me semble que nous connaissons bien impar- 10 faitement nos filles.

Il y a un silence. Ce que j'aime en maman c'est qu'elle ne s'étonne jamais. Si vous lui disiez : « Dehors, le monde vient de *s'écrouler* », elle se lèverait et répondrait : « Voyons ce que l'on peut faire. » 15

Le monde continue. Je sens le regard de papa sur moi. Je sais ce qu'il va dire. Je me fais toute petite.

– Et Pauline. N'a-t-elle donc pas aussi son avis sur la question ?

Maman me sourit. Cécile me regarde comme si elle 20 était ma grand-mère. Bernadette boit son lait. Je *murmure* :

– Rien.

La question ne m'intéresse pas. Quand je vois, sur un mur, l'affiche d'un film érotique, je change de *trottoir*. 25 J'évite les filles de la classe qui ne parlent que de « ça« !

---

ennuyeux, pas interéssant ; endormant
s'écrouler, tomber en ruine
murmurer, dire à voix basse
le trottoir, voir illustration page 41

III

Comme condition pour *déménager*, je n'avais demandé qu'une chose : ne pas changer de lycée. Je ne voulais pas perdre Béatrice, Béa !

Je me souviens du jour où elle est entrée dans notre
5 classe de quatrième. Je me souviens du vent qui est entré avec elle. C'est comme si on venait d'ouvrir la fenêtre.

Plus grande que la plupart, y compris, je crois, les garçons, forte, belle, elle nous a regardés et nous a
10 adressé un de ses sourires.

On nous l'a présentée comme venant des Etats-Unis où elle avait passé plusieurs années ; son père était diplomate. C'était sûrement l'Amérique qui lui donnait ces gestes, cette *démarche*, ces vêtements … libres.

15 Je me demande encore pourquoi, après le cours, c'est vers moi qu'elle s'est dirigée. Je me suis retournée : il n'y avait personne derrière.

– On m'appelle Béa, a-t-elle dit. J'aime mieux ça que Béatrice ; et toi ?

20 C'est ainsi que nous sommes devenues amies.

Je m'en étonne encore. Il me semble que tout nous sépare. Alors qu'en général j'accepte comme ils viennent les choses et les gens, elle, elle commence toujours par refuser. Fille *unique*, elle n'a peur de rien
25 et ne respecte rien.

Je l'ai mieux comprise le jour où elle m'a pour la première fois menée dans son appartement. Elle habi-

---

déménager, changer de logement ; changer de maison
une démarche, une manière de marcher
unique, seul ; qui n'a ni frère ni sœur

tait un palais. J'ai pensé à un de ces musées où malgré les choses les plus belles la vraie chaleur n'existe pas.

Ses parents sont peu là ; ils ne *s'entendent* plus et mènent chacun leur vie. Une femme de ménage passe chaque matin. Béa *éparpille* partout ses livres, ses 5 disques, ses vêtements comme pour se prouver qu'elle est là, vraiment là, chez elle. C'est la musique très fort ; ce sont les lumières partout. Sa porte est ouverte à qui veut. Elle n'a aucun problème d'argent. Ses parents lui donnent tout. 10

– Il faut bien qu'ils *soulagent leur conscience* d'une façon ou d'une autre, a-t-elle dit. Ils ne sont pas là, alors ils me donnent leur *fric*.

Je l'ai emmenée une fois à la maison. Tout le monde l'a beaucoup *entourée*. Cécile un peu trop, attirée par ce 15 que j'avais raconté d'elle. Elle s'est bien entendue avec Bernadette, mais j'ai eu l'impression qu'elle était contente de partir et depuis elle n'est jamais revenue. Pourtant, elle aime me parler de La Marette, mais d'une façon un peu *bourrue*. 20

Bien que parfois, sans raison, je la *déteste*, Béa est ma seule amie.

De la porte de la maison à celle du lycée, au Quartier latin, il me faut quarante-cinq minutes : dix en *mobylette*,

---

s'entendre, se comprendre
éparpiller, jeter ou laisser tomber çà et là
soulager sa conscience, faire quelque chose pour réduire les reproches qu'on se fait
le fric, l'argent
entourer quelqu'un, ici : s'occuper de quelqu'un
bourru, peu aimable
détester, ne pas aimer ; haïr
un mobylette, voir illustration page 28

vingt en train, quinze en métro et trois à pied. Je ne rentre déjeuner que si je n'ai pas cours l'après-midi. Les jours où je reste, je vais à la cantine ou chez Béa. Son *réfrigérateur* est toujours rempli. Il nous arrive aussi,

5 quand il fait beau, de manger un sandwich au Luxembourg ou sur le boulevard Saint-Michel.

un réfrigérateur

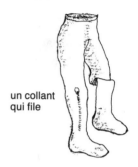

un collant
qui file

On est lundi !

– Aujourd'hui, on déjeune chez mon oncle, a déclaré Béa. Il habite rue Jacob. Je lui ai parlé de toi. Il veut

10 te connaître.

Elle ne me laisse pas le temps de refuser.

– Il est *peintre*, tu verras !

Béa bavarde. Elle me raconte cet oncle chez qui je n'ai aucune envie d'aller. Qui a une *compagne* et une fille.

15 Qui est parfois très riche et parfois très pauvre. Et quand il est riche, il dépense tout, tout de suite ; et quand il est pauvre, il chante.

– Tu sais pourquoi il a envie de te connaître ?

– Non !

---

un peintre, une personne qui fait des peintures, des tableaux
une compagne, une maîtresse ; une amie

– Parce que je lui ai tout raconté : ta famille, tes sœurs, ton grenier, ta Marette. Il n'y croit pas.

Je m'arrête. Béa continue quelques mètres puis s'arrête à son tour.

– Qu'est-ce qui te prend ?

– Je n'y vais pas !

– Pourquoi ?

– Je ne suis pas une bête curieuse.

«Ta famille, tes sœurs, ton grenier, tout ... » De quel droit, de quelle voix a-t-elle parlé de nous à son oncle ?

– Quand on aime quelqu'un, dit-elle, on en parle. Ce n'est pas ma faute si ça lui a donné envie de te voir. Tu dois être fière. Allez, viens !

– Mais j'ai mon *collant qui file* et le vieux *kilt* de Claire. Je ne me suis pas lavé les cheveux depuis presque une semaine.

– Ça ne fait rien. Je t'ai dit que c'était un artiste. De toute façon, il a préparé sa salade *tahitienne*. On ne va pas la lui laisser manger seul !

C'est un vieil *immeuble*, où il faut monter six étages. Béa *appuye* le doigt sur la *sonnette* et ne le retire plus.

– On vient, on vient ! proteste une voix.

La porte s'ouvre au moment où j'arrive sur le *palier*. Ce ne peut pas être l'oncle, ce grand homme en jean blanc, couvert de *peinture*, qui soulève Béa dans ses bras

---

un kilt, voir illustration page 24
tahitien, de l'île de Tahiti
un immeuble, une maison à plusieurs étages, avec des appartements
appuyer, mettre ; poser
une sonnette, un palier, voir illustration page 22
de la peinture, voir illustration page 25

une sonnette

un palier

une écharpe

un paillasson

un gant

22

et l'embrasse sur les deux *joues*.

– Voilà Pauline, dit-elle.

Je murmure un «bonjour, monsieur!» et tend la main. Il me tire à l'intérieur de l'*atelier* où Béa a déjà disparu. 5

Il y a un gros *poêle* qui fume au milieu de la pièce, un *canapé* très bas et très large, presque un lit. Et il y a aussi des *pinceaux*, une *natte* où est posé un *saladier* de bois plein de fruits et de légumes.

Et partout, le long des murs, sur les deux *chevalets*, la 10 mer! Pas celle que je retrouve l'été et ai appris à ne plus *craindre*; mais une mer en guerre, un *flot* fort qui me *menace*.

Je regarde et je comprends pourquoi je ne voulais pas venir. 15

Nous nous sommes assises sur le canapé, Béa et moi. L'oncle à nos pieds. Nous mangeons sa salade, Béa surtout. Le regard de Pierre me gêne. Je n'ai pas faim. Je ne me sens pas bien. Pas à ma place. Comment dire? Et tout à coup: 20

– De quoi avez-vous peur?

C'est à moi qu'il s'adresse. D'ailleurs, il *tutoie* Béa.

– Je n'ai pas peur.

– Vous avez l'air.

Je ne réponds pas. 25

Il *désigne* ses tableaux.

---

une joue, voir illustration page 26
un atelier, un poêle, un canapé, un pinceau, une natte, un saladier, un chevalet, voir illustration pages 24/25
craindre quelque chose, avoir peur de quelque chose
un flot, une masse d'eau qui se déplace
menacer, mettre en danger
tutoyer quelqu'un, dire tu à quelqu'un
désigner, indiquer par un signe; montrer du doigt

un poêl

un canapé

un chandail

un kilt

une natte

24

Da

un rocher

un chevalet

un pinceau

de la peinture

un saladier

un coussin

25

telier

– Vous ne les aimez pas !

Il attend ma réponse. C'est agréable ! Je dis exactement ce que je sens :

– Je n'ai pas envie d'y aller. Le vent bat trop fort
5 contre ces maisons. Il ne doit pas passer de soleil par ces
fenêtres.

Il me regarde sans étonnement. Puis il disparaît
dans la cuisine.

Béa me regarde d'un air étonné.

10 – Ça n'a pas l'air de *coller* tellement, vous deux !

– Même pas du tout !

Il revient à ce moment et je suis sûre qu'il a entendu.
Je n'aime pas la bière ; il m'apporte de l'eau. Quand
même ! Ça ne l'empêche pas de réattaquer :

15 – Pourquoi vous cachez-vous ?

Je n'ai pas compris.

– Je me cache ?

– Sous cette jupe de petite fille, dans ce *chandail* sans
forme, sous vos cheveux ...

20 J'en ai assez ! Je n'ai jamais cherché ni à me cacher
ni à me montrer. Je suis comme ça.

Ils changent de sujet. Un peu plus tard, Béa suit son
oncle dans la cuisine, et je me glisse jusqu'à la porte.
Mais j'oublie mon *écharpe*.

une
joue

---

coller, ici : aller
un chandail, voir illustration page 24
une écharpe, voir illustration page 22

IV

Manège de Heurte-Bise ! C'est écrit en lettres rouges à demi effacées sur une *plaquette* de bois qui *se balance* au vent comme dans les westerns.

Il est six heures. On voit mal le détail des champs. Lycée, métro, train, mobylette, manège. A peine un kilomètre de *détour* ... pour venir voir travailler Bernard !

Stéphane est là ! J'ai aperçu sa voiture dans le chemin. Une Triumph. Il était venu un dimanche accompagner une cousine. Vu l'état de son costume après la première leçon, Bernadette était sûre qu'on ne le reverrait plus. Erreur. Trois jours plus tard, il revenait dans un costume neuf. Depuis, chaque vendredi à cinq heures, il est là pour sa leçon.

Je trouve ma sœur au centre de la salle de travail. Jeans, bottes, vieux chandail de papa. Là-haut, sur Tempête, Stéphane : long, blond, fin, regard très clair, pantalon noir, chemise blanche, *cravate*.

Bernadette se tourne vers moi.

– Tu montes, Paul ?

C'est une *plaisanterie* entre nous. Elle sait bien que ce sera non ! J'ai peur, là-haut.

Plus tard, Stéphane vient payer sa leçon. Il lui propose de dîner un soir avec lui. A mon grand étonnement, elle accepte.

---

une plaquette, voir illustration page 28
se balancer, faire des mouvements d'un côté et de l'autre
un détour, un chemin plus long que le chemin direct
une cravate, voir illustration page 31
une plaisanterie, des paroles pour faire rire

une plaquette

une mobylette

– La semaine prochaine ! Pendant que je me chan-
gerai, vous viendrez prendre un verre à la maison.
Maman ne me laisse pas sortir sans connaître.

Nous regardons la jolie voiture partir.

– Je ne suis pas sûre qu'il aime monter, dit Berna- 5
dette, mais les chevaux l'aiment, c'est le principal.

Avant de quitter le manège, nous allons saluer
Germain.

– Tu sais, Crève-cœur le trouve trop vieux !

Crève-cœur est le nouveau chef du manège. 10

– Et qu'est-ce qui se passe quand un cheval est trop
vieux ?

– Le boucher ou le champ, répond Bernadette. Le
champ coûte cher et il faut le trouver. Le boucher paie.

Je n'ose rien dire de plus. 15

Nous retrouvons nos mobylettes. J'aime rentrer à la
maison, à petite vitesse, à côté de ma sœur. C'est surtout pour ce moment que je suis venue la chercher.

Le vent dans la figure, Bernadette crie :

– Je sais pourquoi papa *fait la gueule* ! 20

– Pourquoi ?

– Jean-Marc !

Jean-Marc ? C'est lui qui a exécuté tous les travaux
de *plomberie* à la maison. Très jeune, très gai, marié à
Marie-Agnès, grand amour de Cécile. 25

– Qu'est-ce qu'il a, Jean-Marc ?

– *Foutu !*

– Qu'est-ce que tu dis ?

– Cancer.

---

faire la gueule, montrer qu'on n'est pas content
la plomberie, les installations d'eau et de gaz
foutu, perdu ; condamné ; fini

Instinctivement j'ai *freiné*.

– Mais il a vingt-cinq ans.

– Ça n'a jamais empêché personne de *crever* !

Je m'arrête cette fois tout à fait. Crever ! Le cancer.
5 Mais la femme de Jean-Marc attend un enfant.

– Tu es sûre ?

– Sa mère me l'a dit.

– Pourquoi papa ne nous a-t-il rien dit ?

– A cause de Cécile ! Elle *adore* Jean-Marc.
10 Foutu... J'ai vu mon grand-père mort. Mais on s'y
attendait depuis des années. Mais pas Jean-Marc !

Bernadette pose la main sur mon bras.

– On rentre.

Oui, rentrons. Et lui, est-ce qu'il sait ? Tiendra-t-il
15 jusqu'à la naissance de son enfant ?

---

freiner, ralentir la marche
crever, ici : mourir
adorer, aimer beaucoup

V

C'est à cause de Jean-Marc, de Germain. C'est à cause
de la nuit qui, dès cinq heures maintenant, se glisse
partout. A cause de Béa *absente* depuis une semaine du
lycée, à cause de tout cela que j'ai dit oui !

Quand je suis sortie du lycée, à quatre heures, il était 5
là, sur le trottoir d'en face. D'abord je ne l'ai pas recon-
nu, mais quelque chose a attiré mon regard. Cette
écharpe autour de son *cou*, c'était mon écharpe.

Il traverse la rue, prend ma main et dit « Pardon !
Pardon pour l'autre jour. » Je fais quelques pas avec lui 10
pour me sortir des autres élèves. J'ai vu des camarades
se retourner. Il dit qu'il est venu me rapporter mon
écharpe.

– Si on allait boire le verre de la paix ?

Et c'est alors qu'au lieu de me retirer après avoir 15
remercié pour mon écharpe, je m'entends dire « oui« !
Sans avoir vraiment envie.

Nous allons vers la Seine et entrons dans un café, où
nous trouvons deux places au fond de la salle.

Pierre commande un grog et moi un Coca. 20

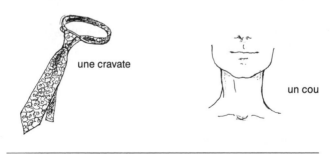

une cravate

un cou

---

absent, qui n'est pas là

– Ce que je voulais vous expliquer, dit-il, c'est que pour moi, la famille ça a toujours été un *piège*. Mes parents m'avaient laissé à un *horrible* oncle, et le mot « famille » continue à *déclencher* une sonnette d'alarme en moi. Elle a fonctionné l'autre jour dès que je vous ai vue entrer.

Je ne sais pas quoi répondre. Il ne m'attaque pas directement cette fois ; il s'excuse même. Mais il me parle comme si nous étions de vieilles connaissances et qu'il attendait de moi une remarque intelligente. Je ne trouve rien à dire. Heureusement, le garçon me sauve, car il arrive avec nos verres.

Pierre continue son histoire. Pas de parents, ou jamais là. Une sorte de Béa masculin.

Et pour terminer :

– Voilà ! Béa n'arrêtait pas de parler de vous ; j'ai eu envie de vous connaître. Et dès que je vous ai vue, votre écharpe et vos *gants* tricotés, j'ai entendu la sonnette d'alarme et, à ma façon, je vous ai cassé la figure.

J'ai à la fois envie de rire et de m'indigner.

– Pour les gants et l'écharpe, c'est à cause de ma mobylette ! Quatre kilomètres de campagne entre le train et la maison, je vous prie de croire qu'en ce moment ce n'est pas la fête.

Un sourire dans son regard. Ses yeux me gênent.

Le garçon passe.

---

un piège, un instrument pour prendre les animaux ; ici : un danger caché
horrible, affreux ; terrible
déclencher, faire fonctionner ; mettre en mouvement
un gant, voir illustration page 22

– Deux autres ! commande l'oncle et désigne nos verres déjà vides.

Je me décide à boire très lentement. Je me souviens de ce que m'a raconté Béa. Comment savoir s'il est en période de richesse ou de pauvreté ? Il faudra que j'insiste pour payer mes Cocas et je ne suis pas sûre d'avoir assez.

– Racontez où vous mène votre mobylette, demande-t-il.

– A la maison.

– Alors racontez la maison.

Il me semble qu'il s'intéresse vraiment. Mieux que Béa. Je dis d'abord le jardin puisqu'on est bien obligé d'en traverser un bout pour arriver. Et la maison ? Pas différente des autres ! Avec cinq chambres, deux salles de bain, une cuisine, un salon où on fait du feu. J'en arrive, je ne sais comment, à Germain. Pierre ne sourit pas quand je dis son âge et les problèmes qu'il nous pose. Et Cécile ! Et Claire ! Je ne peux plus m'arrêter. J'essaie de faire comprendre à Pierre qu'une famille c'est autre chose que des tiens-toi droite à table et des arbres de Noël. Et que ce n'est vraiment pas ma faute si j'ai trois sœurs que j'aime, une mère à la maison et un père tout content d'y rentrer chaque soir.

Plus tard, au moment de sortir du café, il me rend enfin mon écharpe. La nuit est tout à fait tombée. Pierre m'accompagne jusqu'au métro.

Et je souris encore dans le métro, dans le train, à cheval sur ma mobylette, l'écharpe sous les yeux.

VI

Nous attendions tous le 1ᵉʳ décembre ! Il est là ! Le 1ᵉʳ décembre, nous *dressons* le sapin. Car nous souhaitons Noël à l'américaine. Ainsi, la fête ne tombe pas sur nous d'un coup.

5 Peu à peu, les branches *s'alourdissent* de décorations. Il y a de tout. Le mystère est que c'est joli.

Les cadeaux aussi viennent quand ils veulent. *Soudain*, un paquet de plus au pied du sapin ! Pour qui ? Et quand arrive le matin du 25 décembre, tout est là.

10 Je raconte tout ça à Béa chez qui je suis venue déjeuner.

– Un sapin, ça te plaît vraiment ?

– Je crois. En tout cas, si on n'en avait pas, ça me manquerait !

15 Béa part pour les sports d'hiver avec la compagne de son oncle.

– Et Pierre ?

– Il prépare une exposition pour les Américains. Dans ces cas-là, il ne quitte plus son atelier. Il y mange. 20 Il y dort. Alors j'enlève Brigitte et Angèle.

– Elle a quel âge ?

– Brigitte, trente-huit. Angèle, douze.

L'âge de Cécile.

Qu'est-ce que Béa entend exactement par le mot 25 « compagne » ?

– Ils vivent ensemble depuis Angèle. Mais ils ne sont pas mariés.

---

dresser, installer ; mettre debout
s'alourdir, devenir lourd
soudain, tout d'un coup ; brusquement ; subitement

34

– Pourquoi ?

– Ils préfèrent rester libres. Tu ne trouves pas ça plus beau ? Ils se rechoisissent sans arrêt. Si ça ne colle plus, pas d'obligation de rester.

C'est peut-être très beau, mais je n'aimerais pas être Angèle. J'aurais peur.

Béa va mettre de la musique et revient ensuite près de moi avec une boîte de bière. On est vraiment bien. Soudain, je l'aime. A cause de ce que je ne lui ai pas dit : ce quelque chose qui est à moi, ces deux heures passées avec Pierre.

Je revois son visage. Personne ne m'a jamais écoutée comme lui. Et jamais peut-être je n'en ai tant dit en si peu de temps. Pierre n'est pas revenu me chercher et je ne suis pas allée à l'atelier, mais je le sens, *quelque part* ; et qu'il ait une compagne et une fille ne me *déplaît* pas : au contraire !

– J'aimerais bien connaître Brigitte, dis-je.

Rien ne nous empêche d'être amies : elle et moi. Moi et Pierre !

---

quelque part, en un lieu ou en un autre
déplaire, le contraire de plaire

VII

C'est éteint dans le salon, c'est *autrement* : c'est mercredi : jour de maman.

La machine à laver a tourné plusieurs fois lundi. Le
grand marché a été fait mardi, le mercredi notre mère
5 prend congé. La plupart du temps, elle va à Paris. Elle
part tôt : quelques courses d'abord.

Le déjeuner, là-bas, pour elle c'est une fête. Il lui
arrive de le prendre avec des amies, Aliette par exemple, mais elle préfère être seule.

10 Après le déjeuner : cinéma ou exposition. Maman
rentre le soir pour mettre les pieds sous la table, car, ce
jour-là, chacune à son tour, nous sommes « de dîner ».

Quand je rentre ce mercredi-là, je trouve la poison
dans la cuisine. Pendant que je me sers un verre de jus
15 de fruits, elle annonce :

– Après déjeuner, Claire a eu une explication avec
papa ! Il a profité de ce que maman n'était pas là !

Je n'ai plus soif.

– Et alors ?

20 – Il m'a demandé de sortir du salon.

– Tu as entendu quelque chose ?

– Au début, tout doucement, raconte Cécile. Mais
très vite « Alors, as-tu décidé quelque chose ? » Mais
tout ça encore gentiment, et sans prononcer le mot
25 fatal !

Le mot fatal : avenir !

– Et qu'est-ce qu'elle a dit ?

– Rien.

---

autrement, différent

– Puis il a déclaré qu'il s'était renseigné sur l'école de secrétariat. Il paraît qu'il y en a une excellente à Pontoise et qu'ils vous *placent* à la sortie. Là, Claire a parlé.

– Pour dire quoi ?   5

– Plutôt crever...

– Où est-elle ?

Du bout de son stylo, Cécile désigne le plafond.

– A propos, c'est son tour de faire le dîner.

Je me lève.   10

– Je monte la voir, dis-je. Toi, tu ne *bouges* pas. De toute façon, je te préviens que je fermerai la porte et qu'on parlera tout bas.

Je vais d'abord passer par mon grenier pour y déposer mes affaires.   15

Aucune lumière sous la porte de Claire. Une chance : elle ne s'est pas enfermée à clef. Je vais allumer la lampe de bureau. Elle est *étendue* sur le ventre, perdue dans ses cheveux comme elle était à dix, à douze, à quinze ans : à chaque fois que ça n'allait pas. Je viens 20 m'asseoir au bord du lit.

– Claire !

Je pose la main sur son *épaule*. Elle se retourne sur le côté. Elle a pleuré.

– Il ne comprend rien ! Parce qu'il *s'est crevé* toute sa 25 vie, il veut obliger les autres à en faire autant.

– Il ne te demande pas de te crever ! Seulement de faire quelque chose.

_____

placer quelqu'un, ici : trouver une place, un travail pour quelqu'un
bouger, faire un mouvement
étendre, coucher
une épaule, voir illustration page 38
se crever, se fatiguer beaucoup

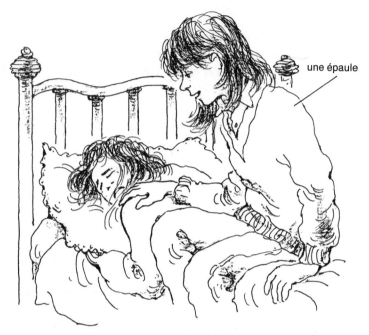

une épaule

– Parce que toi aussi tu crois que je ne fais rien ? Ecoute-moi bien ! Je fais davantage que quatre-vingt-dix pour cent des gens. Je respire, je regarde, j'écoute, je vis. Moi, je vis !

5 Je ne sais que répondre. En un sens, c'est vrai ! Elle vit certainement plus que beaucoup de ceux que je *côtoie* chaque jour. Elle profite du temps, du ciel, d'elle-même, de la maison. Mais si tout le monde en faisait autant ?

10 – Tout le monde n'en a pas envie ! Tu me vois *tapant* toute la journée *sur une machine* ? Enfermée dans un bureau ?

---

côtoyer quelqu'un, se trouver près de quelqu'un
taper sur une machine, écrire à la machine

38

– Alors fais autre chose...

– Quoi ?

– C'est à toi de savoir !

– Eh bien, je ne sais pas ! Et si on m'oblige, je *fous le camp* !   5

– Où iras-tu ?

– Chez des amis.

Elle retombe dans ses cheveux, referme les yeux. Après un moment, elle ouvre un œil.

– Il est quelle heure ?   10

– Presque sept heures ! Il paraît que c'est ton tour pour le dîner.

– Tu crois que je pourrais « lui » faire son repas après ce qu'il m'a dit ?

Elle *coule* vers moi un regard *suppliant* :   15

– Pauline, si tu prenais ma place. J'ai mal au cœur. Je *cède*.

– Et je t'en supplie, éteins avant de sortir.

---

foutre le camp, s'en aller ; partir
couler, ici : faire passer
supplier, prier avec insistance
céder, capituler ; ne plus résister

VIII

Cela se passe de façon tout à fait inattendue ! Sur le boulevard Saint-Michel, Béa et moi faisons la queue devant la marchande de *crêpes*. Et soudain, des bras autour de nos épaules : Pierre.

5   – Mais vous n'allez pas manger des crêpes à la pluie ?

Il commande, lui aussi, deux crêpes et, sans discussion, nous *entraîne* chez lui.

   – Brigitte est là !

10 Elle est étendue sur le canapé et se lève quand nous entrons. Elle embrasse Béa, me serre *vigoureusement* la main.

   – Pierre m'a parlé de vous. Venez !

Elle me prend les crêpes des mains pour me permet-
15 tre de retirer mon manteau.

Alors ! Cet atelier où je m'étais dit de ne jamais revenir. Et ces tableaux ? Brigitte est en train de désigner à Béa les tableaux qui partiront pour l'exposition. Pierre vient vers moi.

20   – Je ne devrais pas insister. Mais j'aimerais que vous compreniez.

Et il m'explique... la mer... le *rocher*...

Béa, qui a chauffé les crêpes, nous appelle. Nous revoici sur le canapé. Revoici Pierre à nos pieds. Béa et
25 Brigitte parlent ski à Noël.

   – Vous faites du ski, Pauline ?

---

les crêpes, voir illustration page 42
entraîner, pousser ; emmener avec force
vigoureusement, avec force
le rocher, voir illustration page 25

le trottoir

– J'ai mes deux étoiles !

Le regard de Pierre ! Comme si j'avais dit quelque chose d'*étourdissant*. Ce regard intense, qui appelle. J'ai

---

étourdissant, sensationnel ; étonnant

41

peur. De ce qu'il choisit de peindre. De ce qui est en lui.

– Vous avez froid ?

Comme sa voix est douce quand il veut.

5   – Je vais vous faire un café irlandais.

Et le voilà reparti. Décidément, il aime faire la cuisine, cet homme !

Je m'installe sur un *coussin*, les bras autour des genoux. Ah ! trouver de belles phrases, à la fois simples 10 et « senties », comme dit le professeur de français… Je cherche, je cherche. Une ou deux ne me paraissent pas si mal, vraiment ! Mais dans un moment quand il reviendra, elles *s'envoleront* d'un seul coup !

Je le vois mettre dans les mains de Brigitte et de Béa 15 deux verres, et après il vient s'asseoir à côté de moi.

– J'ai pensé à toi. C'était *merveilleux* !

les crêpes

---

un coussin, voir illustration page 25
s'envoler, partir en volant ; disparaître subitement
merveilleux, admirable

IX

Au pied du sapin, une *paire* de chaussures inconnue.
Trop grande pour être de fille ; pas assez pour être à
papa. Claire se penche pour lire, nous regarde d'un air
incrédule. Je me penche à mon tour, puis Bernadette.
C'est écrit Jean-Marc. C'est *l'écriture de Cécile*.   5
    Pas une *larme*, quand maman lui a appris sa maladie
l'autre jour. Maman a ouvert les bras. Elle n'y est restée
qu'un moment avant de courir s'enfermer dans sa
chambre. Aucun commentaire depuis. Et ce matin, ces
chaussures.   10
    – Elle est capable d'être allée les réclamer à Marie-
Agnès, *souffle* Bernadette.
    Le visage de la princesse est incertain. Elle n'a guère
réagi, elle non plus, à l'annonce du cancer de Jean-
Marc.   15
    Maman passe la tête par la porte de la cuisine.
    – Petit déjeuner !
    Cécile arrive la dernière.
    – Je trouve, dit-elle, qu'on n'a besoin de rien d'*ur-
gent*, nous ! Alors on pourrait s'occuper de Jean-Marc.   20
    – Okay, dit Bernadette, pour une fois, voilà une
bonne idée.
    – On pourrait aussi penser à l'enfant, propose
maman. Il aura besoin de beaucoup de choses !
    Cécile la regarde.   25

---

une paire, se dit de deux choses qui vont ensemble
incrédule, qui ne croit pas facilement
l'écriture de Cécile, Cécile qui l'a écrit
une larme, de l'eau qui sort des yeux
souffler, dire à voix basse
urgent, important ; vraiment nécessaire

– Il aura tout le temps de les avoir, lui ! C'est à Jean-Marc qu'il faut donner.

Du dos de la main, Charles *caresse* la joue de la poison.

---

caresser, toucher doucement en signe d'amour

X

Le 16 au soir, à la maison, pas de Bernadette !

Tout le monde est là. Si le déjeuner est libre – on vient, on ne vient pas – le dîner est *sacré* et huit heures c'est huit heures. Au cas où on ne le prend pas, obligation d'*avertir* dès le matin et, pour Cécile et moi, de dire où on va et de demander l'autorisation. 5

Il est huit heures trente, et pas de Bernadette ! Maman a appelé le manège. Il ne répond pas.

– Il est presque neuf heures, dit maman. Si on allait jusqu'au manège en voiture ? 10

Mais au moment où papa se lève, Bernadette arrive. Elle a pleuré !

– Le *salaud* veut tuer Germain !

Les parents se regardent.

– C'est l'*abattoir* ou deux mille francs. 15

– Raconte-nous ça depuis le début, dit le docteur.

Bernadette tombe sur le canapé. Cécile court s'asseoir près d'elle. Claire est très ennuyée et ne sait comment le cacher, ou le montrer. Elle regarde maman. Maman s'est assise sur un fauteuil, en face de Berna- 20 dette.

Il dit qu'il est trop vieux. Il a trouvé un remplaçant. J'ai huit jours pour *caser* mon pauvre Germain.

– Le caser où ?

– C'est bien le problème ! Chez quelqu'un qui ac- 25

---

sacré, qu'il faut respecter
avertir, annoncer d'avance
un salaud, une personne détestable ; un mauvais homme
un abattoir, un lieu où on tue des animaux de boucherie
caser, placer

ceptera de le prendre dans son champ. Ça fait deux heures que je demande à tout le monde dans le *coin*. On me rit au nez. Je vais vous dire ce qu'il y a ! Crève-cœur me déteste. Depuis le début ! Les gens demandent à
5 monter avec moi. Il crève de *rage*. Pour Germain, il l'a fait exprès. Et ce salaud qui dit qu'il faut s'habituer à la mort et que les vieux chevaux sont faits pour être *bouffés* !

– On ne va pas bouffer Germain, quand même !
10 proteste Cécile.

– Si on ne trouve pas deux mille francs avant le 1er janvier, plus un champ, il y a toutes les chances, dit Bernadette.

Tout le monde regarde papa, qui a retiré ses lunettes.
15 J'essaie de me convaincre qu'il va dire oui. Ces deux mille francs, il les a sûrement à la banque. Qu'attend-il pour le dire ? Ne voit-il pas que Bernadette, qui ne demande jamais rien à personne, pour une fois a besoin de lui ?

20 Il remet enfin ses lunettes.

– Deux mille francs, déclare-t-il d'abord, c'est une somme !

Il se tourne vers Bernadette.

– Et tu sais bien que ça ne suffira pas ! Même si tu
25 trouves quelqu'un pour prendre Germain, tu devras lui louer son champ. Tu devras payer le *vétérinaire*...

– Pour le vétérinaire, proteste Cécile, à partir du moment où on t'a, je ne vois pas où est le problème !

---

un coin, ici : une région
une rage, une colère terrible
bouffer, manger
un vétérinaire, un « médecin » pour les animaux

46

– Il y aura aussi la *nourriture*, les vitamines. Cela coûte cher, un cheval ! continue papa sans répondre à la poison.

– Je le gagnerai ! dit Bernadette.

– Tu arrives tout juste à payer tes bottes... 5

– Alors, tu vas laisser tuer Germain ? proteste encore Cécile.

– Non, mais il est question de *choix*. A l'hôpital, sur la table de Jean-Marc, il y a un *carnet*, où il fait des comptes, des additions. Jean-Marc n'a pas peur pour 10 lui. Il ne pense pas à lui. Il pense à sa femme, à son enfant à venir.

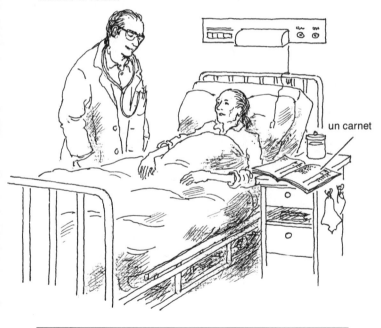

un carnet

---

la nourriture, le manger
le choix, l'action de choisir

On a toutes compris ce qui allait venir maintenant.

– Alors, si demain je lui dis : « Jean-Marc, chaque mois je donnerai une petite somme à ta femme », il partira moins inquiet. Cette petite somme pourrait être l'argent que tu dépenseras pour Germain, Bernadette. Voilà le choix !

Le silence tombe. On ne peut pas protester. Bernadette se lève.

– Tu devrais aller sécher tes cheveux, dit maman à Bernadette. C'est comme ça qu'on prend froid.

XI

Cela ne sent pas Noël et pourtant, le soir du 23, avec un jour d'avance, la fête est là !

Il est presque huit heures. Papa lit son journal. Maman coud. Nous lisons. Il ne manque que Cécile.

A cinq heures, elle a demandé du papier et de la colle et s'est enfermée dans sa chambre. On se prépare à l'appeler pour dîner quand le téléphone sonne.

C'est maman qui va répondre. C'est ou la famille ou Aliette, son amie de cœur.

Elle reste un moment *immobile*, puis s'approche de nous.

– Que se passe-t-il ? demande papa.

– C'était Aliette.

– Et alors ?

– Elle appelait de la part de Cécile !

Nous levons tous le nez vers le plafond. On entend d'ici le transistor dans la chambre de la poison.

– Elle n'est pas là ?

– Il paraît que non, dit maman. C'est une histoire de fou.

– Qu'est-ce qu'elle fait chez Aliette ? demande papa.

– Elle n'est pas chez Aliette.

Charles laisse tomber son journal sur le tapis.

– Quand tu auras fini de parler chinois, on y comprendra peut-être quelque chose !

– Cécile a appelé Aliette. Elle lui a demandé de nous téléphoner pour nous dire de ne pas *nous inquiéter*. Elle

---

immobile, sans bouger
s'inquiéter, se faire du souci

coucherait chez eux, et ils devraient lui laisser une clef sous le *paillasson*.

Il y a un silence *stupéfait*. Cécile n'est encore jamais allée seule à Paris. Papa retire ses lunettes.

5 – Mais alors, si elle n'est ni ici, ni chez Aliette, où est-elle ? demande Claire.

– Il paraît, dit maman, que nous devons regarder ce soir une *émission* appelée « Des notes et des chants » à neuf heures.

10 Chacun regarde sa montre. Huit heures seulement. Papa se lève. Il est tout rouge. Il regarde maman.

– Ainsi, quand ta fille décide d'aller à une émission à la télévision, elle ne dit rien à personne. Elle y va !

– Nicolas est peut-être avec elle, dit Claire.

15 – Ce Nicolas doit avoir de drôles de parents. Qu'on les appelle !

– Je n'ai pas leur numéro, dit maman. A vrai dire, je ne connais même pas leur nom de famille.

Claire quitte le salon et revient presque aussitôt.

20 – Son anorak n'est pas là, déclare-t-elle. Mais ses chaussures et ses bottes sont là !

– Je suppose qu'elle est allée là-bas en chaussettes, dit papa. Et pourquoi pas en chemise de nuit !

Il disparaît à son tour dans l'entrée, revient en man-
25 teau.

– Je vais la chercher.

– Où ? demande maman doucement. On ne sait même pas où est tournée cette émission.

Le temps d'obtenir de Charles qu'il nous rende son

---

un paillasson, voir illustration page 22
stupéfait, très surpris
une émission, un programme transmis à la radio ou à la télévision

manteau, de rappeler Aliette, il est neuf heures ! On dînera plus tard. D'ailleurs, personne n'a faim. Nous sommes tous installés devant le poste.

– Des notes et des chants ! annonce enfin la speake-rine.

Le présentateur de l'émission apparaît : un certain Arthur. Une cinquantaine de personnes, surtout des jeunes, sont assises dans le studio. Parmi eux, nous cherchons Cécile et un petit garçon de son âge. *En vain*. Arthur réussit à obtenir le silence. Il présente d'abord l'orchestre puis, un à un, les concurrents.

C'est d'abord une grosse dame, Mlle Pinot, qui est couturière depuis trente ans. Puis un garçon appelé Roland, qui travaille comme *coursier* chez un *éditeur*.

Le troisième concurrent, c'est Cécile. Elle porte une des meilleures chemises de Claire.

Le présensateur fait signe à l'orchestre, l'émission commence.

C'est simple ! On joue aux concurrents de petites phrases de musique. A partir de là, ils doivent trouver le titre, l'*interprète*, la maison de production, la date de *parution* du disque.

Nous restons en silence jusqu'à la fin de l'émission. Cécile a gagné.

Arthur remet aux deux perdants un album de disques. Puis il tend la main à la poison et la tire au milieu de la scène. C'est alors que le mystère des

---

en vain, sans résultat
un coursier, une personne qui fait les courses dans une firme
un éditeur, une personne qui publie, fait paraître des livres
un interprète, ici : un chanteur
la parution, le fait de paraître sur le marché

chaussures *s'est dévoilé*. Cécile porte les *sabots* neufs de Bernadette.

– Et maintenant, dit le présentateur, voici le grand moment ! Tu sais qu'en cette veille de Noël, le gagnant, ou la gagnante, a le droit d'exprimer un *vœu*. Si *T.F.1* le peut, il *comble* ce vœu.

– Je sais, dit Cécile. C'est d'ailleurs pour ça que je me suis présentée au risque de me faire battre par mon père.

Sous les cris enthousiastes des spectateurs, le père se fait tout petit.

– Qu'est-ce qu'il fait donc, ton père ? demande Arthur.

– Docteur, répond Cécile.

– Je me permets, dit Arthur et regarde papa droit dans les yeux, de demander au docteur Moreau de montrer beaucoup d'*indulgence* pour sa fille.

– Merci, dit Cécile.

– Alors, demande Arthur. Quel est ton vœu ?

– La vie de Germain !

– La vie de Germain ? répète Arthur sans comprendre.

un sabot

---

se dévoiler, devenir connu ; se faire connaître
un vœu, un souhait ; un désir
T.F.1, Télévision Française chaîne 1
combler, satisfaire ; remplir
l'indulgence f, la patience ; la tolérance

– Voilà. Il est vieux. Il ne sert plus à rien, alors, pour le sauver, il nous faut deux mille francs avant le 1er janvier !

Arthur se penche vers notre sœur.

– Qui est Germain ? demande-t-il très très douce- 5
ment.

– Un vieux cheval qui finira dans l'abattoir si on ne paie pas et lui trouve un champ. Comme on a un ami malade, mon père a choisi l'ami, ce que je ne me per- mettrai pas de lui reprocher. Mais moi, j'ai pensé que 10 T.F.1 pouvait payer les deux mille francs et que peut- être un autre ami qui nous écoute avait le champ, si pos- sible pas loin de La Marette, comme ça ma sœur pour- rait continuer à le monter.

Soudain, tous les spectateurs se lèvent et crient : 15

– Germain, Germain, Germain...

Cécile les regarde, incrédule, et elle se met à crier plus fort que tout le monde.

Arthur lève les bras. Le bruit s'éteint.

– Pour les deux mille francs, c'est d'accord, dit-il. 20
On paiera même quelques mois de pension si personne ne propose le champ.

Cécile saute au cou d'Arthur, perd un sabot. Papa sourit, maman a caché son visage dans ses mains ; c'est idiot, mais je crois que Claire, Bernadette et moi, nous 25
pleurons.

– Joyeux Noël, petite Cécile, dit Arthur.

– Joyeux Noël ! dit Cécile.

XII

Cécile est rentrée vers midi, le lendemain, avec Aliette.
Nous étions tous au salon où, dès le matin, on avait
allumé du feu. Pour une fois, Claire était là !

Cécile est allée droit à Bernadette et lui a remis une
5 enveloppe marquée en bleu T.F.1. Alors, Bernadette l'a
serrée à toute force contre elle.

Papa a simplement déclaré qu'il ne dirait rien pour
cette fois, mais désirait qu'une telle aventure ne *se renou-
velle* pas. Claire a alors eu un geste magnifique : elle a
10 allumé le sapin : sa façon de dire bravo à la poison.

Dans l'enveloppe, outre le chèque de deux mille
francs, il y avait la liste des gens qui avaient appelé pour
proposer leur champ. A la grande surprise de Bernadette, elle y a retrouvé une des personnes à qui elle
15 s'était adressée, en vain, avant l'émission.

Avant de partir, Aliette m'a invitée à un *réveillon* que
donne sa fille France. Je viendrai la veille pour les aider
à préparer le buffet et coucherai chez elles.

Le soir, Cécile et moi avons accompagné maman à
20 l'église. C'est une église de campagne qu'on vient visi-
ter pour sa simple beauté. La messe a été très belle et
très courte parce qu'il faisait froid.

Que dire du 25 décembre ? Pour moi, c'était fini. Le
25 plus beau cadeau avait été donné. Je ne ferai pas le
détail des autres.

Cécile est allée avec papa porter ses souliers remplis

---

se renouveler, recommencer ; se répéter
un réveillon, un repas pris tard dans la nuit

à Jean-Marc, qui était rentré chez lui. Ils n'ont, paraît-il, parlé que de Cécile à la télévision.

– Il ne voulait pas me *gâcher* Noël avec sa mort, m'a dit Cécile.

5   Et elle a ajouté :

– Pour le choix, papa avait raison. Si j'avais pu demander à Arthur la vie de Jean-Marc, tu vois, je n'aurais pas hésité.

---

gâcher, rendre peu agréable

XIII

France, la fille d'Aliette, habite rue Christine, pas très loin d'Odéon. De sa chambre, on peut voir un morceau de la Seine.

On a mis les meubles du salon dans les chambres à coucher. Ne reste que la table sur laquelle est posé le pick-up. Demain, on réveillonne !

Il y aura Alain, Paul, Bruno et quelques autres que je ne connais pas. Ce sont ces quelques autres qui m'intéressent. Qui seront-ils ?

Le soir, dans la chambre que je partage avec elle, France me parle d'Alain. Il a vingt ans et est en seconde année de médecine. Ils s'aiment.

On appelle ça « avoir du succès« ! Je n'arrête pas de danser, Paul, Christian, Bruno et les autres. Un inconnu appelé Jérôme, ami de l'Alain de France, a *jeté son dévolu* sur moi. Depuis quelques danses, il ne me lâche pas. France passe avec Alain, bouche contre bouche. Onze heures seulement.

Soudain, je suis seule, complètement. La musique joue ; ces gens sont étrangers. Ce n'est pas de cette façon que j'ai envie de passer dans l'année prochaine. Je ne suis pas bien ici.

J'ai une envie profonde : me retrouver à La Marette, écouter les bruits de la maison.

Et alors, je ne sais pas comment, je me retrouve dans la rue. Il fait très froid et clair. Des lumières partout. Beaucoup de monde.

---

jeter son dévolu, fixer son choix

J'évite des groupes qui me semblent trop joyeux.
Je change de trottoir. Je cherche une rue plus calme.
Je m'aperçois que je serre dans ma poche, de toutes
mes forces, la clef de La Marette. Claire, Bernadette,
5 Cécile, venez ! Si j'avais ma mobylette, je rentrerais.

Je ne dis pas que c'est un hasard si je me retrouve en
bas de la maison de Pierre. Mais, en un sens, c'est lui la
cause de tout.

Je lève le nez. Là-haut, c'est son atelier, et il est
10 éclairé. Que se passe-t-il si je monte ? La femme de
Pierre dont j'ai oublié le nom est aux sports d'hiver
avec leur fille et Béa. Mais cela ne veut pas dire qu'il
sera seul. Il va ouvrir la porte et il y aura de la musique ! Des gens ! Qu'est-ce que je dirai ?

15 J'entre. J'ai du mal à trouver la lumière. La maison
dort. Je monte les six étages, et voilà sa porte. Je sonne.

Il a ouvert tout de suite.

– Pauline ! Mais qu'est-ce que vous faites là ?

Je ne pouvais rien dire. Il a tendu la main.

20 – Venez !

Nous étions seuls dans l'atelier. J'ai essayé d'expliquer :

– Un réveillon, la *solitude*... et votre lumière, ici.
Voilà, je suis montée, comme ça.

25 Il m'entraîne sur le canapé :

– Veux-tu boire ?

Je dis « non », et que j'ai déjà beaucoup bu, ce qui le
fait me regarder d'une drôle de façon.

Puis je m'entends dire, alors que vraiment je n'y ai
30 pas pensé avant, pas une minute :

---

la solitude, la situation d'une personne qui est seule

– Pourquoi ne m'avez-vous pas appelée ?

Son regard change. Je suis stupéfaite. Il y avait une raison à ce silence. Mais au lieu de répondre, il regarde mes pieds.

– Mais tu es folle ! 5

Il retire mes chaussures et prend mes pieds sur ses genoux. Il les enferme entre ses mains. Je ferme les yeux. Il dit d'une voix très douce :

– Bonne année !

Il met ses mains sur mes épaules et me tourne vers 10
lui. Et alors ça commence. Au centre de moi quelque chose qui tourne et m'entraîne. Je regarde la bouche de Pierre. J'approche mes lèvres. Les mains de Pierre serrent mes épaules. Sa langue est douce, très légère. C'est un départ, c'est un voyage. 15

Il me regarde. Je veux revenir. Je veux qu'il m'embrasse encore. Il me dit :

– Ma chérie, ma chérie, calme-toi ! Tu dois t'en aller.

J'ouvre les yeux. Son visage a changé. Il me tend mes 20
chaussures.

Je le déteste. Pourquoi m'avoir ouvert ? Il met la main sur mon épaule et me pousse vers la porte. La porte se referme. Je suis seule dans l'escalier.

Je l'aime et ne le reverrai pas. Je me suis jetée à sa 25
tête. J'ai tout gâché. Il m'a mise à la porte.

XIV

Maman est partie chez grand-mère, qui est malade, et ce soir, au dîner, papa est seul au milieu de ses quatre filles. Il a l'air plus d'un ami que d'un père.

    – A propos, dit soudain Cécile, Marie-Agnès a
5 décidé de se faire *plombière*.

    – Plombière ? demande Bernadette.

    – Alors comment dit-on pour une femme plombier ?

    – Une femme plombier, je crois, dit papa. Mais je
10 ne suis pas certain que ça existe. Qui t'a raconté ça pour Marie-Agnès ?

    – Elle ! dit Cécile. Je lui ai demandé ce qu'elle ferait après Jean-Marc. Alors elle m'a dit : « Je vais continuer. Je suis des cours du soir *en cachette.* »

15   – Elle ne m'en avait pas parlé, dit papa.

    – Si Jean-Marc s'en doutait, il lui défendrait.

    – Voilà une femme ! déclare Bernadette.

    – C'est courageux de sa part, dit papa, mais il n'est pas certain qu'elle réussisse.

20   – Pourquoi ? demande Cécile.

    – Ce n'est pas un métier de femme.

    – Et qu'est-ce qu'un « métier de femme« ?

    – Un métier dont les hommes ne veulent pas, dit Bernadette. Je ne vois pas pourquoi elle ne réussirait
25 pas. Elle aidait souvent Jean-Marc.

    – Je n'ai jamais dit qu'elle ne pourrait pas apprendre, dit papa. Ce que je crains, c'est qu'elle n'ait guère de succès.

---

une plombière, un plombier, une personne qui répare les robinets, etc.
en cachette, sans le dire à personne

– Parce que c'est une femme ?

– Ecoutez, dit Charles. Pour certains métiers, les femmes elles-mêmes font plus volontiers confiance aux hommes. C'est comme ça.

– Ça ne doit pas être comme ça, dis-je. Il faut leur montrer qu'on peut faire aussi bien.

Le téléphone sonne. Cécile y est déjà.

– C'est de la part de qui ?

Elle se tourne vers moi.

– Pour toi ! Quelqu'un qui s'appelle Pierre.

Il me dit : « Je me suis battu contre moi pendant deux jours. Je n'ai pas pu travailler. Tu as gagné. »

Je serre l'appareil de toutes mes forces. Je me tourne du côté du mur pour cacher mon visage. J'essaie d'y croire. Est-ce vraiment à moi qu'il parle ?

Et comme si La Marette n'existait pas, ni mes sœurs, ni mon père. Comme si j'étais seule, libre, une autre, il me dit : « Viens ! »

Je murmure : « Quand ? » Il me dit : « Maintenant. » Je réponds : « Demain, midi et demi. » Le lundi, je quitte le lycée à midi. « Dépêche-toi ! » Et rien d'autre.

XV

Pierre m'a prise à bout de bras.

– Je n'y crois pas ! J'étais sûr que tu ne viendrais pas !

Cela voulait dire qu'il savait. Je suis tombée sur sa poitrine. Il m'y a serrée un moment, comme un ami ou un père.

– Tu veux un café ?

– Non, merci.

– Alors, assieds-toi. Je vais me chercher un café.

Il a disparu dans la cuisine, et je suis allée m'asseoir sur le canapé. Puis il est venu prendre place près de moi, avec une grande tasse de café. J'étais contente parce que ça lui prenait les mains et me donnait encore du temps.

– Tu crois que parce que j'ai envie de toi, je vais te *forcer* ? Brigitte est restée à la montagne. Angèle est malade. Je dois te parler de Brigitte. Tu dois savoir que je l'aime. Elle est très importante pour moi, et je ne veux pas la faire souffrir. Est-ce que tu comprends ?

Je comprenais. Je m'étonnais de ne sentir aucune jalousie. Et moi non plus je ne voulais pas qu'elle souffre.

– Je l'aime, a-t-il répété. Et pourtant, je suis *tombé amoureux de* toi ! J'ai hésité parce que j'ai quarante ans et qu'il n'y a pas d'avenir pour nous. Il peut y avoir une aventure. Mais toi non plus je ne veux pas te faire souffrir. Ce que tu veux, Pauline... Quand tu veux. C'est toi qui commandes.

---

forcer, obliger
tomber amoureux, commencer d'aimer

Je peux partir. Je peux rester. Il n'y a aucun problème. Je regarde la bouche qui vient de me donner cette paix. Je monte. Il me laisse approcher, et nos lèvres se rencontrent. C'est bon comme l'autre soir.

– J'aimerais te voir, murmure-t-il. 5

Je comprends quand ses mains commencent à défaire les boutons de mon cardigan. Je suis sûrement moins belle que les femmes qu'il a connues. Il enlève lentement mes vêtements, et je ne me défends pas. Soudain, il s'arrête et me regarde. 10

– Non ! Ecoute, Pauline, écoute... J'ai peur. Pas aujourd'hui. Il y a beaucoup de façons de faire l'amour ! En ce moment, nous le faisons parce que nous nous aimons. On peut le faire avec les yeux.

Il me prend dans ses bras, et nous nous embrassons. 15 Il dit que l'amour s'apprend, que nous avons le temps.

Et il a mis de la musique, nous avons bu du Coca. C'est lui qui m'a rappelé l'heure et remis mes vêtements.

– Je ne te raccompagne pas. Je veux rester ici, avec 20 toi.

La rue n'était plus la même. Je souriais aux gens. Je les aimais.

XVI

Je voyais Pierre chaque jour. Je savais maintenant ce plaisir *au-delà de* ce qu'on peut *décrire*. C'était pour moi, dans l'amour, à chaque fois la même stupéfaction devant un bonheur si intense. Je n'avais plus peur de le
5 regarder. Il me semblait qu'il était moi.

Je travaillais mieux. Mieux qu'avant Pierre. Maintenant, quand je rentrais le soir, j'étais légère. Il me donnait envie d'être forte, de réussir. Il me donnait faim de vie.

10 Vers la fin de janvier, comme je traversais le Luxembourg pour aller chez Pierre, Béa est venue vers moi.

– Sais-tu que Brigitte est rentrée ? Depuis huit jours !

Je suis d'abord restée immobile, la regardant dispa-
15 raître. « Brigitte est rentrée. » a-t-elle dit. Que savait-elle exactement ? Depuis quelque temps je l'avais évitée.

Pierre m'avait dit qu'elle occupait avec Angèle un petit appartement pas loin de l'atelier. Je savais qu'il les
20 voyait le soir. Depuis huit jours Brigitte et Angèle étaient là, à quelques pas de l'endroit où je venais chaque après-midi m'étendre dans ses bras, et je ne le savais pas !

– Que se passe-t-il ? a-t-il demandé tout de suite.

25 Il m'avait prise aux épaules et cherchait mon regard.

– Que se passe-t-il, mon amour ?

– Brigitte !

Il n'était pas surpris :

---

au-delà de, qui dépasse ; qui va plus loin que
décrire, représenter ; ici : dire

– J'allais t'en parler.

Comme d'habitude nous nous sommes assis sur le canapé devant lequel il avait préparé des sandwichs. Il ne semblait pas pressé de parler. Mais moi je voulais savoir tout de suite. Ce n'était pas la jalousie ; seulement, les paroles de Béa avaient *troublé* notre paix. 5

Brigitte était rentrée depuis une semaine. Il lui avait tout dit. Dès le premier soir.

– Quand un *couple s'accorde* la liberté, mais décide de rester couple, il faut que chacun continue à partager le 10 plus possible de la vie de l'autre. Si on se cache l'important, c'est fini ! Si je n'avais pas parlé de toi à Brigitte, je n'aurais rien eu à lui dire parce que depuis son départ, il n'y a eu que toi.

– Qu'est-ce qu'elle a dit ? 15

Il m'a serrée davantage contre lui.

– Qu'elle l'avait deviné. Qu'elle te voyait sur mon visage. Qu'il y avait une lumière...

– Pourquoi ne m'as-tu parlé de rien ?

– Parce que cette lumière change tout. Elle a appris 20 à Brigitte que je t'aimais.

Il m'a prise dans ses bras. Il m'embrassait. « Parce que je t'aime, je t'aime. » Sa voix résonnait autrement, et il me semblait que les choses avaient changé de place. Ou peut-être les voyais-je pour la première fois dans 25 leur réalité, ces choses qui n'étaient pas seulement Pierre, Pierre et moi, mais aussi Brigitte, et la vie de Pierre avec Brigitte.

– Rien n'est changé, mon amour.

---

troubler, ici : empêcher de continuer
un couple, un homme et une femme
s'accorder, se donner

Et pourtant l'amour était différent. Je ne me sentais plus la même.

XVII

Le lendemain, il est venu me chercher au lycée.

Il était sur le trottoir d'en face. Il avait l'air fatigué. Quand il m'a vue, son visage est devenu comme neuf.

– Je t'emmène prendre quelque chose, a-t-il dit. Si je t'avais parlé chez moi, j'aurais eu trop envie de te 5 prendre dans mes bras.

Nous nous sommes installés dans une arrière-salle de café. Elle devait servir de salle de restaurant. A part un couple d'étudiants, nous étions les seuls clients.

Brigitte et lui avaient parlé toute la nuit. De moi. De 10 nous : nous trois.

– Elle propose de *s'effacer*. Elle ne *t'en veut* pas. Ni à moi. Mais elle a compris que ce qui se passait était très important. Elle dit qu'elle n'a pas envie d'y assister.

Pierre a passé son bras autour de mes épaules. 15

– Brigitte a été merveilleuse, sans larmes, sans reproches, c'est le même vieux problème : toi ou elle. Elle m'oblige à choisir.

Tout s'est arrêté. Je ne comprenais pas. Il m'avait dit qu'ils se laissaient libres. Etait-ce la liberté que 20 d'*imposer* un choix ? J'acceptais bien, moi, que Pierre aime Brigitte. Je ne voulais ni le quitter ni que Brigitte s'efface. Tout devait rester comme avant !

– Il faut qu'elle reste ! ai-je dit.

Il a ri. 25

– Je le lui ai dit. Et je me sentais un salaud. Ce serait

---

s'effacer, disparaître
en vouloir à quelqu'un, faire des reproches à quelqu'un ; être fâché contre quelqu'un
imposer, commander ; faire accepter par force

tellement simple de tout garder. Brigitte compte énormément pour moi. Nous n'avons pas connu les bon-
heurs faciles. Nous nous comprenons. Mais je ne peux
pas supporter l'idée de te perdre.

5   J'ai fermé les yeux. Moi non plus.

    – C'est impossible, ai-je dit.

    – Regarde-moi, a dit Pierre.

    Il a relevé de force ma tête.

    – Tu es la fête que je n'ai jamais eue. Tu es tout ce que
10 je désirais. Crois-moi, il me faut du courage pour te
dire ça. J'ai toujours rêvé de te rencontrer, Pauline.
Toujours.

    C'étaient des mots trop grands pour moi. Ils me lais-
saient sans force.

– Tu ne dis rien, a-t-il murmuré.

– J'ai peur.

De nouveau, il m'a obligée à le regarder.

– Alors, je vais te faire encore plus peur ! J'ai qua-
rante ans et tu en as dix-sept. Je suis seul et tu as ... tout. Pourtant, si tu veux, et même si c'est fou, je suis prêt, dès que tu le pourras, à te prendre avec moi. Je ne veux pas que tu me répondes maintenant.

Nous sommes restés un long moment comme ça. La tête dans son épaule, je nous sentais *inséparables*. Et pourtant, je regardais cette salle, ces étudiants, et il me semblait que je les préparais pour le souvenir.

Un jour, me disais-je, j'appellerais à moi ce moment, cette minute de l'hiver de mes dix-sept ans où je sentais monter à mes yeux les premières larmes versées pour lui.

---

inséparable, qu'on ne peut pas séparer

XVIII

Pierre attendait ma réponse. Parler ? Tout dire à quelqu'un ? Demander conseil ? Mais je connaissais d'avance les réponses. Ils verraient seulement son âge, et Brigitte et Angèle. Le reste, l'important, la fête, la joie, ils ne pourraient pas comprendre. J'étais seule à pouvoir décider.

Si je disais non, je ne le verrais plus. Je n'irais plus sur le canapé m'étendre entre ses mains. Je redeviendrais la Pauline d'avant. Impossible. Pouvait-on à la fois aimer tant et avoir si peur de dire oui ?

Je suis sûre que Béa sait tout. Hier, elle est venue avec Angèle me chercher à la porte du lycée. Elle avait réservé une table chez Alley, un salon de thé sur le boulevard Saint-Michel. Elle avait certainement amené cette petite fille pour me rendre le choix plus difficile encore.

Bernadette m'avait appelée une *garce*. Pourquoi lui avais-je parlé ? Elle était entrée dans ma chambre ; elle était venue s'asseoir sur mon lit et avait mis sa main sur mes cheveux. Soudain, je n'en avais plus pu.

J'aimais Pierre, mais je ne voulais pas partir, ou plutôt, je voulais, mais je ne pouvais pas. Quelque chose de trop fort me tenait ici à La Marette.

---

une garce, une fille de mauvaise vie

XIX

Je ne suis pas allée au lycée, j'ai couru chez lui. La clef
était sur la porte. Je suis entrée. Il ne m'a pas prise dans
ses bras.

J'ai dit :

– J'ai vu Angèle.

Il a répondu :

– Je sais. Elle nous a parlé de toi à dîner. Ce que
tu lui as raconté lui a beaucoup plu. Les quatre filles
du docteur... Elle nous a dit : « J'aimerais avoir une
sœur, moi aussi. Au moins une. »

Je ne comprenais pas ce qui se passait. Pourquoi ce
visage dur, ce ton ? Que lui avais-je fait ?

– J'ai compris que j'avais été fou, m'a-t-il dit.

Fou ? Je restais là, sans comprendre. Enfin, j'ai dit :

– Angèle.

– Ce n'est pas Angèle. Et ce n'est pas Brigitte. Tu le
sais bien. Tu te souviens de ce soir où je t'ai appelée ? Je
t'ai dit que j'avais beaucoup lutté. Je sais maintenant
contre quoi. La peur de t'aimer.

Et il continuait à parler, avec une colère dans la voix
et comme s'il s'adressait aussi à lui.

– Non ! Ne crois pas que je t'en veux ! C'est la vie...
Elle a trop mis entre nous : la famille, l'âge. Et elle ne
m'a pas fait assez fort, ou assez *aveugle* pour t'enlever à
tout ça.

Je suis venue vers lui. Je l'ai pris dans mes bras ; je
me suis collée à son corps.

– Ça n'a pas d'importance, Pierre. L'âge, ça ne fait
rien.

---

aveugle, qui ne peut pas voir

Il a eu un sourire. Et j'ai pensé : « C'est fini maintenant. »

– Laisse-moi rester !

J'ai caché mon visage dans son cou. Il m'a *écartée* de
5 lui ; il m'a tenue à bout de bras comme quelqu'un à qui
on va faire mal.

– L'autre jour, je ne te proposais pas le bonheur !
L'amour sûrement, mais la lutte. Si j'accepte que tu
restes, je prendrai le risque de casser la petite fille que
10 j'ai aimée. D'en faire une autre. Tu me l'as fait comprendre.

Alors je me suis mise à pleurer et à supplier. C'était
donc à cause de moi qu'il disait non. Et je comprenais
seulement ce que cela serait sans lui.

15 Je ne sais pas ce que j'ai dit. Je mélangeais tout : La
Marette, l'amour, la faim que j'avais de lui, sa voix, son
regard, son corps.

Un instant, quand ses lèvres sont venues chercher les
larmes sous mes yeux, j'ai cru que j'avais gagné. Mais
20 il m'a *arrachée à* lui.

– Hier soir, j'ai dit à Brigitte de rester. Si je fais l'a-
mour avec toi, je saurai que c'est la dernière fois. Comment veux-tu une chose pareille ? Faire une dernière
fois l'amour avec toi et le savoir. Ce n'est pas possible.

25 Il me portait jusqu'au palier. Il me tournait le dos. Il
refermait sa porte. C'était fini.

écarter, mettre à une certaine distance
arracher à, retirer de

XX

La Marette, non ! Bernadette, non ! J'ai couru chez
France, rue Christine. Il n'était que onze heures.

C'est le père de France qui m'a ouvert.

– Qu'est-ce qui se passe ?

Je disais :

– S'il vous plaît, s'il vous plaît...

Je ne pouvais dire que ça. Il m'a prise par l'épaule.

– Viens !

Il m'a emmenée à la cuisine et m'a donné un grand
verre d'eau.

– Bois ! Bois tout !

A cinq ans près, il devait avoir l'âge de Pierre.

– Tu veux parler ?

J'ai fait non.

– Tu veux être seule ?

– Oui ! Seule. S'il vous plaît, seule !

Il m'a accompagnée dans la chambre de France. Elle
était partie pour la journée avec sa mère. Je me suis
assise sur le lit. Voilà ! Terminé ! Il n'avait même pas dit
qu'on se reverrait. Les larmes sont venues d'un coup
avec du bruit. Je me suis couchée. Je voulais être morte.
Pierre était à côté de moi. Il comprenait qu'il m'avait
tuée. C'est ainsi que je me suis endormie.

XXI

Maman et Cécile sont sur le canapé. Bernadette debout près de la cheminée, moi sur mon *tabouret*. La princesse prépare l'apéritif. Pierre est sur le fauteuil, face au feu.

5   Tout a été très simple. Vers sept heures, le téléphone a sonné. C'était lui.

– Je suis dans le coin. Je voudrais venir à La Marette, juste une fois, pour te dire adieu. Est-ce que je peux venir ?

un tabouret, voir illustration page 78

On était déjà au salon, moins papa qui venait de rentrer. Je me suis tournée vers maman.

– L'oncle de Béa est dans le coin. Ça lui plairait de connaître la maison.

Maman m'a fait signe que « oui, bien sûr ! ». Elle est toujours d'accord pour ouvrir à tous la porte de la maison et aime beaucoup Béa.

Il a demandé un whisky sans eau avec deux *glaçons*. Je ne savais pas qu'il aimait le whisky. Chez lui, je l'ai vu boire du café noir et du vin. Je sais si peu de lui.

Il parle Bretagne avec maman. Elle y est déjà allée

un glaçon, un morceau de glace

et elle aime. C'est beau et *sauvage*, c'est la mer !

Bernadette tire sur sa pipe et ne le quitte pas des yeux. Elle ne me dira que dans quelques jours ce qu'elle en a pensé.

5 Puis voilà papa, et c'est moi qui fais les présentations :

– Mon père ! L'oncle de Béa !

Charles a une façon que j'adore de serrer la main des gens. Je suis sûre que cela plaît à Pierre.

10 On parle de l'Amérique. Pierre va y aller pour son exposition. L'Amérique va me voler Pierre.

– Vous savez, dit Pierre à maman, je suis fils unique et j'ai perdu tôt mes parents. Je ne savais pas ce que c'était qu'une famille.

15 – C'est la joie, dit maman, et papa la regarde avec des yeux qui brillent.

– On dit ça, rit Cécile. Ça doit être *chouette*, pourtant, d'être fille unique.

Pierre sourit.

20 – Sois remerciée par tes trois sœurs, dit Bernadette. Pierre se lève.

– Si vous restiez dîner avec nous ? propose maman.

– On m'attend.

– Paul va vous accompagner !

25 C'est Bernadette qui vient de décider cela et son ton *impératif* étonne papa et *cloue* Cécile au canapé. Nous quittons le salon.

---

sauvage, qui est à l'état de nature ; que l'action de l'homme n'a pas changé
chouette, agréable ; beau
impératif, qui donne un ordre
clouer, fixer (avec un clou)

– Paul..., murmure-t-il.

Nous traversons l'entrée. Je le sens là, tout près de moi, à me toucher. Après avoir descendu les six marches, il s'arrête, lève les yeux, désigne la fenêtre, sous le toit. 5

– Là ?

Je fais oui. Là ! Là sans toi ! D'un seul coup, toute la *douleur* revient. Je ne peux plus respirer.

– Je t'ai apporté quelque chose !

Il ouvre le *coffre* de sa vieille 2CV et sort un tableau 10

un coffre

---

la douleur, la tristesse ; la peine

enveloppé dans du papier.

   – Ne la regarde pas maintenant !

Je sens ses mains sur mes épaules, ses lèvres sur ma bouche, une seconde. Puis, j'entends le bruit de la voiture et quand je regarde, il n'est plus là. Je crois qu'il a dit « mon amour ».

Le tableau, c'est le bateau *échoué*. En attente de mer. En attente de vie. C'est moi avant lui. C'est moi maintenant.

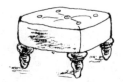

un tabouret

échouer, être jeté sur la côte

XXII

Nicolas n'existe pas ! Ni dans la classe de Cécile, ni dans les autres... Cécile est une fille *solitaire* qui n'a pas d'amis parmi ses camarades. Il y a longtemps que la directrice voulait en parler à maman, mais maman était allée la voir. 5

Il est sept heures et nous sommes dans le salon. Notre petite sœur est chez Jean-Marc ; on peut parler. Mais personne ne trouve rien à dire quand maman annonce la nouvelle. Enfin Bernadette dit :

– Qu'est-ce qu'il fait, Nicolas ? Il regarde la télévi- 10 sion, joue au foot, ce qui ne l'empêche pas d'*avoir des vingt* partout. Il faisait trop de choses, Nicolas. Tout ce que voudrait faire Cécile.

– Beaucoup de petites filles regrettent de n'être pas des garçons, fait remarquer le « docteur Freud ». 15

– Ce n'est pas parce qu'elle regrette de n'être pas un garçon, c'est qu'elle veut avoir les mêmes droits qu'eux.

– Ça recommence, dit Claire.

– Je pense, dit maman, qu'elle est à un âge difficile. L'âge où on ne sait plus bien qui l'on est... 20

– Tous les âges sont difficiles, dit notre princesse.

– Puisque tu sembles voir si clairement le problème, déclare Bernadette, tu t'occuperas d'elle !

– Mais qu'est-ce que je dois faire ?

– C'est toi qui es le plus là. Tu vas l'écouter, lui par- 25 ler. Tu essaieras de comprendre.

– De toute façon, dit maman, il me semble qu'il ne

---

solitaire, qui est souvent seul
avoir un vingt, avoir la meilleure note en classe

faut parler de rien. Faire comme si on ne savait pas.

– Heureusement, dit papa gravement, Nicolas part l'année prochaine pour l'Amérique. Elle nous l'a dit elle-même.

*

XXIII

C'est le soir que c'est le plus dur. Dans la journée, il y a le lycée, les autres. Il m'arrive d'oublier. Le soir, je regrette, je regrette, je regrette.

Il m'a faite femme et je couche dans mon lit d'enfant. J'ai peur d'oublier sa voix et comment il disait « je t'aime ».

Je l'aime et pourtant j'espère qu'il souffre comme moi, qu'il a mal aussi. Le plus terrible serait de se dire qu'il m'a oubliée.

Je n'ai pas encore *suspendu* le tableau. Il est près de mon lit. Parfois, la nuit, j'allume, et, du bout du doigt, je caresse le bateau.

---

suspendre, fixer au mur

80

XXIV

Sur le canapé, un tas de vêtements de l'été dernier.

– Tu *allonges*, dit maman. On les proposera à Cécile, et nous deux, si tu veux, on ira faire quelques courses à Paris.

Et nous deux ! Est-il possible d'être si près de sa mère et de ne pas avoir une seule fois pour elle prononcé le nom de celui qu'on aime ? Je l'aime. Je t'aime, Pierre.

– Il va falloir aider Cécile, dit maman. Elle n'a jamais cru réellement que Jean-Marc allait mourir.

Il est mort ce matin, à cinq heures, sans souffrir, paraît-il. Nous dormions. Nous n'avons entendu ni le téléphone ni le départ des parents. Au petit déjeuner, papa avait les yeux rouges. Il s'est approché de Cécile et il a dit d'une voix basse :

– C'est fini !

Cécile a relevé brusquement la tête. Elle l'a regardé d'un regard de colère. Elle a lancé sa serviette sur la table et a quitté la cuisine. A neuf heures, nous sommes partis là-bas en voiture.

Dans la petite maison de Jean-Marc, il y avait beaucoup de voisins. Papa nous a emmenées voir Jean-Marc. La chambre sentait les fleurs.

Le plus terrible, c'étaient les cheveux. Jean-Marc avait toujours refusé qu'on les lui coupe. Je n'avais jamais vu un mort hippie et, je ne sais pourquoi, ces cheveux m'empêchaient de croire qu'il était vraiment mort.

---

allonger, devenir plus long

Cécile est venue près de moi et j'entendais qu'elle avait du mal à respirer. Je lui ai posé la main sur l'épaule. Au bout d'un moment, elle est allée s'asseoir au bord du lit, là où chaque soir, paraît-il, elle *faisait la*
5 *lecture* à Jean-Marc.

---

faire la lecture, lire

XXV

Avril ! C'est un nom entre soleil et glace. C'est chaque fois la même chose : l'hiver, on oublie comme il peut faire bon au printemps.

L'enfant est né ! Il s'appelle Jean-Marc et il est encore impossible de dire à qui il ressemblera. 5

Nicolas a un vélo Solex. Nicolas a le droit de rester à Paris le 14 juillet pour danser, lui. Nicolas n'a peur de rien, même pas de perdre ses parents.

Si vous entrez dans ma chambre, la première chose que vous voyez, c'est le tableau de Pierre. Je l'ai suspen- 10 du en face de mon lit.

Il m'arrive, par moments, de me sentir vide, très loin de tout et de tous. Comme si une partie de moi-même était avec Pierre. Mais il me semble aussi que je commence un peu d'être moi. Il me semble que maintenant 15 je pourrais parler du bonheur !

Questions

I   Comment les sœurs de Pauline s'appellent-elles ?

Pourquoi Pauline n'aime-t-elle pas son nom ?

Quel est le métier du père de Pauline ?

Quelle est la situation économique de la famille ?

Comment Pauline décrit-elle sa mère ?

Quel est le sens du nom de la maison ?

II   Pourquoi le père essuie-t-il longuement ses lunettes ce matin ?

Plus tard, le père retire à nouveau ses lunettes, pourquoi ?

Pourquoi Claire quitte-t-elle la table ?

III   Qui est Béa ?

Quelles sont les idées que Pauline se fait des Etats-Unis ?

Comment Béa était-elle reçue à La Marette ?

Comment Pauline va-t-elle à l'école ?

Où Pauline prend-elle son déjeuner ?

Comment Pauline se sent-elle chez l'oncle de Béa ?

IV   Qui est Stéphane ?

Qui est Germain ?

Qui est Crève-cœur ?

Qu'est-ce que Bernadette raconte à Pauline ?

V   Pourquoi l'oncle de Béa vient-il chercher Pauline ?

Pourquoi Pauline se décide-t-elle à boire lentement ?

VI   Que fait Béa à Noël ?

Pourquoi Pauline aime-t-elle mieux Béa ce jour-là ?

VII   Pourquoi la maison est-elle différente le mercredi ?

De quoi le père a-t-il discuté avec Claire ?

Pourquoi Pauline dit-elle à Cécile « Toi, tu ne bouges pas. » ?

VIII   Pourquoi Béa et Pauline vont-elles manger des crêpes chez l'oncle de Béa ?

Comment la rencontre avec Brigitte se passe-t-elle ?

IX   Comment Cécile a-t-elle réagi à l'annonce du cancer de Jean-Marc ?

X   Pourquoi Bernadette rentre-t-elle tard ?

Quel est le choix présenté par le père ?

XI   Pourquoi la famille est-elle agitée ce soir ?

Qui est le plus agité ?

« Des notes et des chants », qu'est-ce que ça veut dire ?

Pourquoi presque toute la famille pleure-t-elle à la fin de l'émission ?

XII Pourquoi Claire a-t-elle allumé le sapin ?

Qu'est-ce qu'il y a dans l'enveloppe que Cécile remet à Bernadette ?

XIII Pourquoi Pauline va-t-elle chez Pierre ?

Comment se passe la visite ?

XIV Pourquoi la mère de Pauline n'est-elle pas là ?

Quelle est l'opinion du père sur le projet de Marie-Agnès ?

XV Pourquoi Pierre hésite-t-il sur son amour pour Pauline ?

Comment Pauline se sent-elle après sa visite chez Pierre ?

XVI Quelle est la réaction de Pauline à ce que Béa lui raconte ?

Pourquoi l'amour de Pauline est-il différent maintenant ?

XVII Pourquoi Pierre n'amène-t-il pas Pauline chez lui ?

Quel est le choix que Pierre doit faire ?

XVIII Avec qui Pauline parle-t-elle de sa situation ?

Activités

Faites les portraits des quatres sœurs, et expliquez commentle choix de leur chambre les caractérise.

Décrivez le petit déjeuner de la famille.

Discutez des différents goûts de musique :
- Faut-il des paroles ?
- Si oui, faut-il comprendre ces paroles ?

Décrivez Béa et son appartement.

Expliquez les premières lignes du chapitre V, et expliquez le changement qui intervient chez Pauline !

Discutez de l'opinion de Claire sur le travail.

Distribuez les rôles (la mère, le père, Claire, Bernadette et Cécile), et jouez la scène du chapitre X.

Décrivez les traditions de Noël de la famille et comparez-les avec vos traditions.

Donnez votre opinion sur « les métiers de femmes ».

Discutez des avantages et des inconvénients des couples mariés et des couples non mariés.

Discutez de l'amour entre Pierre et Pauline et de leurs réactions !

Rassemblez différentes opinions au sujet des difficultés de Cécile, et discutez-les.

Trouvez sur un plan de Paris les endroits mentionnés dans le texte.

Expliquez le rôle que joue la famille pour chacun des personnages du livre.

Parlez des relations entre les parents et leurs quatre filles :
- Le père est-il un « bon » père ?
- La mère est-elle une « bonne » mère ?
- Les filles sont-elles bien élevées ?
- Sont-elles mieux élevées que Béa ?